AF590601

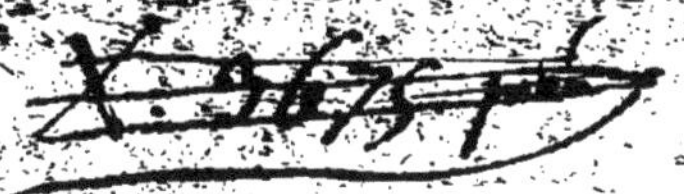

HARANGVE FVNEBRE

Faite à l'Honneur

De Tres-Haut & Tres-Illustre Prince,

HENRY DVC DE ROHAN,

PAIR de FRANCE, PRINCE de LEON,
&c.

Traduite du Latin de TH. TRONCHIN.

A GENEVE,

Par IEAN de TOVRNES Imprimeur de la Republique & Academie.

M. DC. XXXVIII.

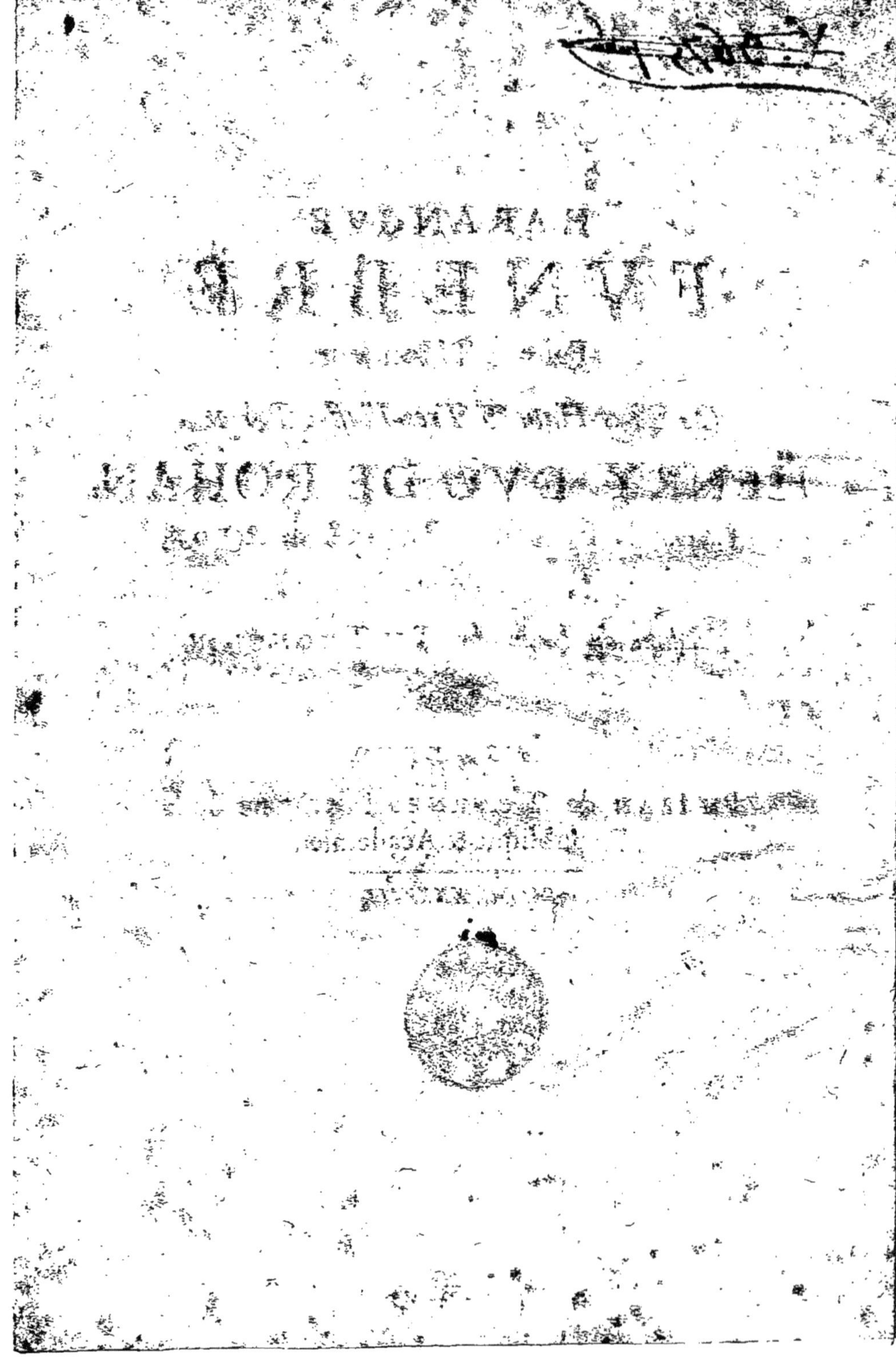

HARANGVE FVNEBRE, FAITE A L'HONNEVR *De Tres-Haut & Tres-Illustre Prince,* HENRY DVC DE ROHAN, PAIR de FRANCE, PRINCE de LEON, &c.

Traduite du Latin de TH. TRONCHIN.

NOVS rendismes hier les derniers honneurs au Tres-Haut & Tres-Illustre Prince HENRY DVC DE ROHAN. Dieu l'ayant retiré en l'immortelle felicité, nous rendismes à son corps tout ce que nous pusmes de ce qui luy estoit deu. Toute la ville estoit en tristesse: tous les Ordres dans ce dueil public accompagnerent la pompe funebre. Nous estions tout estonnez, & comme atterrez de ce que nous faisions nous mesmes. Nous auons en effect experimenté que les petites douleurs sont abondantes en paroles, les plus grandes sont dans vn morne silence & assoupissement. Nous couurismes du voile de silence l'excessiueté de nos regrets. Encores à present sentons-nous bien auant l'aspre violence de la douleur, & quelle est la coustume de ceux qui ont le dueil au fonds du cœur. L'allegement de la douleur est la douleur mesme: & se laisser emporter à la douleur, c'est l'vnique contentement qu'on se puisse procurer. Ainsi d'vn costé la tristesse nous flatte, & d'autre costé nous tourmente-elle & nous abbat, sous ombre d'vn deuoir duquel nous sommes obligez de nous acquitter. Ainsi nos esprits troublés concilient en nous deux affections si contraires. Serrons auiourd'hui & par ceste action Academique faisons la closture des funerailles, & paracheuons de rendre le reste de nos deuoirs, laissans par ce moyen quelque memorial ou soulagement de nostre douleur.

Les afflictions publiques se guerissent par remedes publics. Le public a interest qu'il reste des tesmoignages de l'vn & de l'autre. Or entre les afflictions publiques y en peut-il auoir de plus cogneuës, & plus communes que lors que la tristesse publique naist des maux publics? Qui iamais a eu à parler en public sur vn suiet plus lamentable pour la perte du public, ou plus triste dans vne douleur generale, qu'est le suiet dont à present vous attendez que ie vous entretiene? Mais qui se peut forger icy aucun remede? Et quand on l'auroit trouué, peut-on se promettre d'y acquiescer? au contraire quel remede sçauroit on excogiter qui ne rengrege plustost nos douleurs? O que de choses tristes se rencontrent parmi nos joyes! Et que ceste année se monstre variable en douceurs, & en douleurs!

Il y a vn an que la nouuelle nous estant apportée que ce Tres-illustre Prince deuoit venir en cette ville, les cœurs de tous en general furent remplis de tant de ioye que iamais on en ait veu receuoir au plus agreable leuer du plus beau & plus esclattant soleil. Sa reception en ville parut, non tant par

par la descharge de toutes sortes de canons & mousquetades qui tonnoyent & retentissoyent, que par l'applaudissement de tous en general & resiouïssances de grands & de petits. On pouuoit dire, qu'à peine la ville se sentoit elle mesme, tant elle s'espanouïssoit en ses ioyes. Apres nous auoir honoré & fait iouïr de sa presence l'espace de huict mois, il partit d'ici pour aller en Suisse vers nos Tres-chers alliez qui nous sont tres-estroittement conioincts, non seulement par vne ancienne confederation, mais, de plus, par vne tres intime correspondance & amitié. A son depart toute la ville l'accompagna de si ardentes prieres & souhaits, qu'il sembloit que toute la ville sortoit auec luy hors de son enceinte. Trois mois apres son depart il nous a esté enleué & a cessé d'estre parmi les mortels. A present l'on nous rapporte son corps mort en ceste triste & lamentable closture d'annee.

Las! quelles esmotions & agitations produit és cœurs d'vn chacun de nous, la seule pensee du flux & reflux de ces vicissitudes! La seule souuenance combien fomente-elle nos plus fascheuses douleurs? combien fournit-elle de poignans aiguillons à enflamer nos plus cuisantes angoisses? Qui est armé de si grande constance, qu'ayant l'esprit agité & saboulé de tous costés, il puisse prendre quelque ferme resolution, ou preparer quelque chose digne de ceste grand' assemblee? Et quand mesmes quelcun pourroit gagner cela sur soi, qui peut estre si ferme en sa resolution, qu'il peust exprimer par paroles ce qu'il auroit conceu en son esprit? Qui les pourroit prononcer parmi des regrets & des sanglots si fort & si souuent entrecoupés? Et en des propos ainsi interrompus, quelle force se pourroit trouuer à consoler les autres ? Et que peut-on ramenteuoir en ce suiet qui ne renouuelle iusques au fonds des moüelles tous nos tourmens passés,& qui n'en produise de plus cruels?

Toutesfois, efforçons-nous à dire quelque chose,& pendant que les moindres particularités font non seulement ruisseler des larmes de nos yeux,mais aussi en tirent & arrachent des plus durs & insensibles, cerchons de descharger vn peu nos cœurs & alleger nos douleurs par tous les adoucissemens que nous y pourrons trouuer. Mais,helas!quand ie pense de l'entreprendre, tous mes efforts se rendent inutiles. Car qui peut auoir tant de confiance de soi mesmes qu'il puisse esperer quelque chose de tous ses efforts? Nature ne me permet de parler : mon esprit abbatu d'angoisse succombe. Et à celui qui voudroit dire verité, quel courage peut donner la verité mesme, qui est tellement foulée en ce Siecle, que les oreilles de la pluspart du monde, mesmes des plus grands, soit qu'on parle des gens de bien, soit qu'on parle des meschans, ne peuuent souffrir, sinon ou de pures flatteries, ou de pures animosités fardées de toutes sortes de pretextes calomnieux ? Qui est la tache qui rendra nostre siecle odieux à tous les siecles par ceste infame seruitude, à laquelle sont abandonnés & prostitués non seulement les courages, mais aussi les esprits. Et toutesfois qui peut donner courage aux hommes, si la verité & la vertu ne le donnent? Que la verité doncques & la vertu elles mesmes se facent faire audience, tandis que nous nous taisons. Que si par l'iniure du temps, elles ne peuuent obtenir la liberté qu'il faut, au moins mettons en quelque partie deuant nos yeux & de la posterité celuy que tout le mon-

de

de a tant admiré : Et puis qu'en son viuant nous l'auons honoré par toutes sortes de respects comme pere, rendons luy apres son decés ces derniers & mesmes deuoirs.

Mais par où pouuons-nous commencer à parler de celuy que la plus haute eloquence des plus sublimes Orateurs ne sçauroit dignement representer? Et peut-on en bonne conscience effleurer briefuement les loüanges de celuy, de qui la renommee auoit rempli le monde iusques au Ciel? Et au dessous du merite duquel toute l'eloquēce des mieux disants est contrainte de se rendre vaincue? Que dirai-ie de sa Tres-illustre maison & de ses Ancestres? Que dirai-ie des dons incomparables de son rare esprit? Quoy, des forces insurmontables de son haut courage? Quoy, des celestes thresors de son ame tres-saincte? Que dirai-ie de ses faits? N'est-ce pas plustost par vn bref discours amoindrir & auilir les loüanges qui doiuent remplir l'histoire & les Annales de plusieurs nations? Entreprendrai-ie de le peindre d'vn pinceau si grossier, afin que son pourtrait demeurast empreint en la memoire des viuans? Cela n'est pas en mon pouuoir. Plustost ay-ie honte d'en auoir eu la volonté, laquelle en d'autres suiets est loüée, nonobstant que les forces n'y puissent correspondre. Toutesfois afin que mon hardiesse ne soit blasmée de temerité, ie ferai comme les peintres, qui se representans plusieurs corps, choisissent de chacun d'eux ce qui peut seruir à perfectionner leur dessein. Ie tascherai doncques de le representer par l'idée de quelques hommes Heroiques entre plusieurs.

Moyse est le premier qui me vient en pensée: Qui estant né lors que le peuple de Dieu estoit sous le ioug d'vne dure seruitude, fut aussi tost exposé à la mercy des eaux qui sont sans misericorde, & sauué par la prouidence de Dieu, & la benignité de la fille du Roy, eut beaucoup de difficultés à combattre: (Et qui a iamais esté grand qui n'en ait esté trauaillé, & par maniere de dire, qui n'y ait esté pestri?) Neantmoins se teint tousiours attaché à Dieu. Car nourri en la Cour, tant s'en faut qu'il se laissast ou saisir le cœur, ou esblouir les yeux par les delices de la Cour & par les thresors d'Egypte: qu'au cõtraire il les mesprisa, *estimant plus grande richesse*, non la gloire, mais *l'opprobre de Christ que les thresors d'Egypte.* Certes personne de ceux qui ont cogneu la tres-grande pieté de ce Prince, & par quelque familiarité, ont recogneu ses vertus, n'ignore combien il s'efforçoit de se conformer à Moyse és choses que nous allons dire.

Moyse reuenant de parler auec Dieu, tout rayonnant de sa lumiere, inspiré du Sainct Esprit, mit par escrit toutes les paroles de Dieu: & de suite commanda à tous hommes de quelque qualité qu'ils fussent la lecture de ces escrits: inculqua, que c'estoit de là qu'ils apprendroyent toute leur Sagesse deuant Dieu & deuant tous les Peuples: promit toute felicité à ceux qui en obserueroyent le contenu. Ce grand Prince dont nous parlons, tres-affectionné à la lecture & meditation des Sainctes Escritures, s'y adressoit comme à la fontaine de toute sagesse: Ici oyant Dieu parlant, il se conformoit, soi, ses pensées, ses desseins, ses affaires au compas de ses commandemens, & rapportoit tout à la gloire de Dieu, postposant à icelle tousiours la sienne. Quand on preschoit la parole de Dieu, qui estoit plus attentif? Quand il s'esleuoit à Dieu en le priant, de qui est-ce que ce que l'esprit s'essançoit plus haut par dessus les Cieux? qui estoit plus religieux obseruateur des commandemens de Dieu? Qui portoit plus de reuerence à la verité de Dieu & au pur seruice establi selon icelle? Qui a esté plus constant à en faire profession? Qui a sceu mieux vser de la prosperité? Combien estoit-il sourd aux flatteries? Ne lui faisoyent-elles pas bondir le cœur? Combien peu s'esmouuoit il des faux blasmes? Sachant tresbien qu'il n'y a que les personnes tarees, & qui n'ont rien de franc, qui s'esiouissent des faux honneurs & s'espouuantent des faux blasmes. Mesmes il n'estoit point chatouillé des louanges veritables, tousiours plus prest à les meriter qu'à les ouïr, comme comblé de veritables loüanges: Autres pensees ne rouloyent en son esprit. Lors que la Ierusalem celeste estoit abatue, combien auant dans le cœur auoit-il engraué ces beaux mots de Ciceron, *Il ne faut point abandonner la patrie affligee, il en faut tant plus auoir pitié & l'aider, quelque petit que soit le secours que nous y pouuons apporter.* Combien grande estoit sa douceur en ses paroles & en ses actions? Quelle benignité trouuoit-on en sa conuersation? combien estoit-il affable? On l'eust pris pour vn particulier conuersant auec ses pareils. Combien grande & debonnaire estoit son inclination à bien faire & à obliger vn chacun? Combien grande estoit la candeur & sincerité de ceste saincte ame, tousiours sans fard, tousiours sans tromperie? Combien grande estoit sa confiance en la paternelle prouidence de Dieu, sur laquelle il se reposoit si paisiblement parmi toutes les difficultez qui pouuoyent le trauailler, en la presse de ses plus grands affaires? Et qui le fait, qui le peut, que celui qui est bien instruit és promesses de l'Euangile? qui a esté adopté de Dieu au nombre de ses enfans, qui a esté seellé du Sainct Esprit, qui est entré au Sanctuaire des Cieux, qui est rempli de Iesus Christ? Que l'enuie se demeine, que les haineux de sa pieté en grincent les dents, que sçauroyent-ils dire qui manquast en lui des vertus publiques & particulieres? De quel vice est-ce dont la calomnie mesmes l'ait osé arguer?

On dit que *les loix se taisent parmi les armes.* Il faut plustost dire, que ce sont les hommes qui sont sourds quand les loix parlent: Quand leurs esprits deuenus farouches franchissent toutes barrieres de la crainte de Dieu, & foulent aux pieds tout respect du droit diuin & humain: Tant s'en faut qu'ils en ayent horreur, qu'au contraire ils font profession & gloire d'auoir despouillé toute humanité, & d'auoir reuestu la ferocité des bestes les plus cruelles. Mais ie ne sçaurois assez hautement estimer le los duquel Moyse est exalté par la bouche de Dieu mesmes au liure des Nombres ch. 12. de ce que lui qui estoit entre les ministres d'Estat le plus sage, entre les chefs de guerre le plus vaillant, le plus heureux en tous exploits, le plus esclattant en gloire par dessus tous les hommes par son abouchement auec Dieu, tant illustre en miracles chés les siens, chés les estrangers, & par mer & par terre: lui mesme neantmoins estant parmi ceux qui luy estoyent obligez, parmi des ingrats, parmi ceux qui s'opposoyent à lui, estoit *le plus debonnaire de tous les hommes qui fussent sur la terre.* Il n'y a point de vertu qui rende l'homme plus semblable à Dieu.

Le Duc

Le Duc de Rohan ayant esté tenté plusieurs fois en diuerses manieres par les maquignons des esprits, ils n'ont iamais fait bresche à sa fermeté : Il a eludé tous leurs artifices par vne foi à toute espreuue, & a rebouché tous leurs efforts par vne inuincible force d'esprit : és guerres estrangeres, dans les ciuiles fureurs tousiours tres-moderé. Autant qu'il estoit prompt à prendre conseil, diligent en l'execution, vaillant au combat, autant estoit-il debonnaire apres la victoire : d'vn esprit doux, sans fiel, sans vengeance, pardonnant facilement quand on l'offensoit, estant au dessus de toute offense. Par ceste douceur combien puissamment gaignoit il les cœurs & la bien-vueillance de tous, s'estant rendu autant aimé des hommes qu'il estoit approchant de Dieu ?

Ie vien maintenant aux exemples estrangers. Ie les concentrerai tous en vn. Lors qu'on discouroit de ceux qui estoyent les plus grands d'entre tous les hommes, soit en temps de paix soit en guerre, & qui n'estoyent esclairés que de la seule lumiere naturelle, & que les vns preferoyent celuy-ci, les autres cestuy-la, selon qu'ils le iugeoyent le plus eminent : Le dit feu Sr. Duc de Rohan se trouuant vn iour auec quelques vns des principaux potentats de l'Europe, quelcun baillant le plus haut lieu à Iules Cesar, il ne put endurer qu'on preferast la gloire de Cesar aux loüanges de Scipion l'Africain. Iugez de son naturel par le iugement qu'il en faisoit. Il allegua diuerses raisons sur lesquelles il fondoit son aduis.

Que Cesar s'estoit frayé le chemin pour paruenir au

faiste de l'Empire par la ruine de sa patrie. Au contraire que Scipion, tres amateur de sa patrie, n'auoit plus grand soin que de conseruer ses concitoyens: Et qui estant accompli en tout ce qui concerne la guerre dont il faisoit toutes les fonctions, estoit venu à ce point d'estre aimé & admiré d'vn chacun, obligea sa patrie grandement en ce point: C'est qu'apres la desroute de Cannes, comme plusieurs parloyent de se retirer d'Italie, ayant l'espée nue en main il les contraignit tous de luy iurer que iamais ils n'abandonneroyent Rome. Le salut de l'Estat fut sa souueraine Loy.

Cesar triomphant, ne fut-il pas mené luy mesme en triomphe, estant publiquement eschaffaudé comme mari de toutes les femmes, & femme de tous les hommes? Au contraire Scipion faisant la guerre en Espagne, & lui ayant esté presenté vne vierge de parfaite beauté, espouse de Luceius Prince des Celtiberiens, il la lui rendit sans la toucher. Par ce tesmoignage de continence il obligea les Espagnols à l'aimer & à l'honorer: Et gagna le cœur de Luceius iusques là, qu'il lui amena en son Camp de belles & puissantes troupes, & le rendit ami & associé des Romains: ainsi par ses loüables actions il rendit sa patrie heureuse. Comme le Duc de Rohan estoit vn patron de ceste vertu, ne cedant à aucun des anciens tant recommandés pour icelle, aussi souhaittoit-il souuent qu'elle fust plus en recommandation à certaines nations qui ont perdu l'obeissance de plusieurs peuples, irrités presque par la seule jalousie.

Et toutesfois, quoi que la vertu de Scipion eust tellement esclatté és commandemens, és victoires, és triomphes, és

dignités

dignités qu'il auoit eu, si ne put-il eschapper la malignité de ses enuieux, ni esquiuer leurs outrages & opprobres, iusques là que les Tribuns du peuple l'adiournerent à comparoir en iugement, & publiquement & en presence du magistrat le chargerent de beaucoup de calomnies. Celui qui auoit tant obligé sa patrie par tant & de si grands bien-faits n'en rapporta que calomnies & ignominie, & ces choses le contraignirent de sortir de la ville pour ceder à l'enuie de ses concitoyens & aux calomnies de ses ennemis : & en apres finissant sa vie hors de sa patrie, il reprocha à son ingrate patrie qu'elle n'auroit iamais ses os.

A quoi pensés-vous, vous qui croyés estre à couuert & estre maintenus par vostre innocence & par vos merites contre le poison des calomnies ? A quoi pensés vous, vous qui croyés appaiser l'enuie par vostre vertu ? O que ces ames sont heureuses, & ces cœurs vrayement genereux qui nonobstant qu'ils soyent assaillis de tous ces traits, ne s'abandonnent point eux mesmes & n'en rabattent rien de leur vertu ! Les meschans ne pouuans esperer d'estre loués sont ennemis des louanges d'autrui. La vie d'vn homme de bien est vne censure perpetuelle du meschant, laquelle il ne peut supporter. Combien y en a-il à qui leurs vertus ont plus porté de nuisance que n'eussent fait les vices ?

Toutesfois Scipion estant parmi ceux qui estoyent ialoux de sa gloire, parmi plusieurs qui luy estoyent contraires dedans & dehors, aima mieux sortir de sa patrie que de la ruiner par seditions intestines. O grand amateur de la patrie : iamais aucun Rubicon ne lui put mettre en teste d'estre parricide de sa patrie.

C'est la coutume des hommes, de iuger selon ce qu'ils affectionnent, & de loüer ceux à qui ils sont semblables, ou ausquels ils veulent ressembler. Comme la vraye loüange est d'estre loué par personnes loüables, & d'estre approuué par personnes approuuees; ainsi quasi d'ordinaire sommes-nous tels que ceux que nous loüons & de qui nous desirons d'estre loüés, comme personnes en qui nous contemplons nostre image : & toutes gens de bien tiennent estre de leur deuoir de garentir l'honneur des gens de bien.

Ce Tres-illustre Prince, tant releué par la splendeur de sa haute naissance & par l'alliance & parenté par laquelle il attouchoit de pres aux plus puissants Rois de toute l'Europe, en quelque lieu qu'il fust, se trouuoit conioint tres-estroittement de parenté auec les plus grands Princes, tant du costé paternel que du maternel. Toutesfois il estoit tres-cheri d'eux, plus pour ses eminentes perfections & vertus que pour la dignité de son sang. Ie ne veux point parler de la tres-noble famille de Lusignan, qui du temps de la guerre Saincte (tant renommée pendant le douziesme Siecle) tenoit le royaume de Ierusalem & de Cypre. Le Duc de Rohan estoit vn surgeon de ce tige. Ie ne parle non plus de sa descendance des Ducs de Milan & de Bretagne : ces choses anciennes requierent vn plus long traitté. I'obmets, que la couronne de France estant retombée en la maison de Valois, quand le Roi François premier y fut appelé par legitime succession, l'Ayeule dudit Roy estoit Marguerite de

Rohan

Rohan : au moyen dequoi il apparentoit à la famille Royale de Valois, & aux tres-puissants Monarques d'Espagne descendus de ceste lignée.

Le chef de la maison de Bourbon, Henri quatrieme Tres-chrestien Roi de France & de Nauarre, auquel ses vertus, par le consentement vnanime de ses subiects & des peuples voisins, ont acquis le surnom de GRAND, tant qu'il vescut, embrassa d'vne singuliere bien-vueillance le Duc de Rohan. Il auoit plusieurs causes de lui porter vne si grande affection. L'ayeule de Henri quatriesme estoit Marguerite sœur du Roi François, celle qui par tout le monde a esté appellée la Marguerite & la perle des Reines : Son Ayeule, de mesmes comme du Roi François son frere, estoit Marguerite de Rohan ; qui est auiourd'hui le nom de Mademoiselle de Rohan heritiere vnique du Duc de Rohan dont nous parlons : à laquelle nous souhaittons ce que chacun aussi se promet tant de ses inclinations & dispositions naturelles que de sa tres-sage education, que Dieu la face heritiere, comme du nom, aussi des vertus & de la felicité d'icelle.

De plus, Henri serenissime Roi de Nauarre Ayeul du Roi Henri le Grand, auoit vne sœur nommée Isabeau, qui fut mariée au Seigneur René de Rohan : & c'est l'Ayeule de Henri Duc de Rohan duquel nous parlons. Ce double lien de consanguinité porta ceste Princesse, non iamais assés louée, Ieanne Reine de Nauarre mere de Henri le grand, à aimer si cordialement la Maison de Rohan, que c'est d'elle qu'ils ont receu par la bonté de Dieu la lumiere de la cognoissance de l'Euangile.

Adiouſtés à ce que deſſus la conſideration de René, qui eſtoit Pere du ſuſdit Sr Duc de Rohan de meſme nom que ſon Pere : duquel, ſelon la couſtume des Grands de France qui changent ſouuent de ſurnom, il eſt parlé en l'hiſtoire de France quelquesfois ſous le nom du Sr *de Pontiui*, puis ſous le nom du Sr *de Frontenay*, & finalement ſous le nom *de Rohan*. Ceſte couſtume ſouuent obſcurcit l'hiſtoire lors que la rencontre de tant de noms empeſche de bien recognoiſtre ſi celuy qui eſt deſigné de diuers noms, eſt le meſme.

Le Roy Henri quatrieme portoit vne extreme affection à ce vaillant Heros René V. de Rohan, & en faiſoit vn ſi grand eſtat, que quand il vid que les fureurs du maſſacre de Paris commençoyent par la bleſſeure de l'Amiral de France Gaſpard de Coligni d'immortelle memoire, il ſe confia au dit Sr de Rohan, & le voulut auoir en ſa chambre.

Apres que ce vaillant Seigneur fut decedé d'vn Catarre ſuiui de Paralyſie, & toſt apres d'Apoplexie (ce qui arriua le $\frac{17}{27}$ Apuril 1586.) le Roy Henri quatrieme qui ſçauoit iuſtement balancer les merites d'vn chacun, porta touſiours vn ſingulier honneur à ſa vefue Madame Catherine de Parthenay, Dame d'vn tres heroïque courage, & qui auoit de ſon mari pluſieurs enfans en bas aage; deſquels ſont encor en vie Monſieur le Duc de Soubiſe, qui en l'année 1611. accourut à noſtre ſecours auec grand nombre de Nobleſſe de la Religion Reformee au premier bruit qui courut fort legerement d'vn danger qui menaçoit ceſt Eſtat : duquel bien-fait nous deuons à iamais garder la memoire : & la

tres-iltres-Illustre Princesse Anne sa sœur, les delices & l'ornement des Muses.

Le Roi Henri quatrieme ne porta pas ceste si grande affection au Duc de Rohan seulement pour la consideration de son Pere & de ses Ayeuls, qui portoit auec soi sa recommendation; & l'appela au conseil d'Estat dès l'aage de neuf ans, dressant dés lors par ses conseils ce ieune Seigneur: mais aussi pource qu'il preuoyoit bien dés lors, qu'il estoit né à toutes choses grandes: & partant qu'il faloit de mesmes l'esleuer à toutes choses grandes. Et de fait il donnoit esperance de toutes choses hautes par la dignité excelente d'vn corps si bien fait, par la gentillesse & gaillardise de ses gestes: au moyen dequoi on pouuoit douter par quelle sorte de faueurs la nature le rendoit plus recommandable. Il auoit le corps vigoureux & grandement capable de supporter le trauail: il auoit vn esprit indefatigable aux labeurs: qui sont deux outils bien vtiles pour executer de grandes affaires; & par accoustumance il s'estoit tellement fait à la fatigue, que sans se lasser il a esté quelquesfois en affaire bien penible quarante heures entieres sans manger, sans dormir & sans reposer.

Quand il commença à venir en aage, l'enuie print à ce Prince de voyager en diuers endroits de l'Europe, & de voir les principaux Princes, afin que, à la façon des abeilles, de toutes fleurs il fist du miel. Il alla en Angleterre, en Escosse, en Allemagne, en Italie & autres pays. Il visita la Serenissime Reine d'Angleterre Elizabet, Princesse, l'ornement non de son sexe seulement, ou de sa nation, ou de son Siecle, mais de tous Siecles & des testes couronnées: digne de l'enuie des plus grands Rois & Empereurs qui ayent iamais esté, à cause de la maiesté & felicité de son gouuernement; & qui toutesfois auoit bien essayé sa part des reuolutions du monde, autant qu'aucune autre; au temps qu'on consultoit souuent de la faire mourir, & qu'on balottoit sa teste parmi les suffrages, de la prison, elle fut appelée au trosne Royal. Icelle ayant admiré les brillantes estincelles de toutes vertus qui reluisoyent en ce Seigneur, elle le print si fort en affection, qu'apres auoir fait assez long seiour en sa Cour, comme il lui fit entendre le desir qu'il auoit de continuer son voyage, cela la fascha, & y ayant long temps resisté, s'efforçant par toutes sortes de blandissantes faueurs de l'arrester, ce fut en fin à grand regret qu'elle le laissa aller; tant ce haut faiste de felicité fit estat de lui.

De là il alla vers le Serenissime Iaques lors Roi d'Escosse, & depuis Monarque de la grand Bretagne & Isles voisines. Il fut reçeu de lui comme Prince de son sang. Il l'entretint en sa Cour auec tant de demonstration de bien-vueillance, que iamais il ne lui voulut permettre de s'en aller que la Reine sa femme, lors enceinte, ne fust accouchée, & que au Sainct Baptesme il ne fust Parrain de l'enfant. C'est le Serenissime Roi Charles I. qui auiourdhui regne heureusement en la grand' Bretagne. Ledit Roi Iaques, non moins le plus sauãt des Rois que le Roi des plus sçauans, trouua tellement à son gré l'esprit du Duc de Rohan, pour plusieurs raisons & pour mesmes inclinations qui estoyent en eux à l'estude des bonnes sciences, esquelles le Duc de Rohan estoit tres-

accompli.

accompli. L'vn & l'autre en ont laissé dans leurs escrits des tres-excellents tesmoignages qui viuront en tous Siecles. L'vn & l'autre aussi aimoyent grandement les hommes sauans. Le Duc de Rohan a donné quelquesfois au public des pieces sans y mettre son nom, mais neantmoins son stile & genie n'a iamais permis que l'autheur en fust incogneu. Il auoit vne exquise cognoissance de la verité qui est selon pieté, des Mathematiques, de la Geographie, de la Geometrie (principalement en ce qui regarde les fortifications,) de l'histoire Saincte & Prophane, de toutes nations & de tous siecles: &, en vn mot, il auoit vne tres-grande cognoissance de tout ce qui sert à l'vsage & à l'ornement de la vie presente & de la vie à venir, nature ayant adiousté à la grande viuacité de son esprit vne memoire tres-heureuse. Par ce moyen il se trouuoit comme present parmi les prudents conseils & actes excellents des anciens & des plus modernes: de tout il en aiguisoit son esprit, en formoit son iugement, affermissoit son courage, autant par les riches enseignemens que par les beaux exemples: des choses passées, il preuoyoit ce qu'il faloit faire: de la lumiere des temps passés, il esclairoit ceux qui estoyent à venir, rapportoit tout à l'vsage & vtilité publique: qui est le vrai fruit qu'il faut recueillir du sçauoir.

Ie n'entre point en la deduction des choses qu'il a faites: cela n'est pas matiere d'vn bref discours: c'est le suiet de l'histoire, puis que ses actions ont rempli tout le monde du respect qui leur est deu. Par la splendeur de sa naissance, par l'honneur acquis en guerre, par sa pieté, sa constance en aduersité, sa moderation en prosperité, sa prudence és conseils, sa sagesse au maniement des affaires, toutes vertus dignes de loüange l'ont si haut esleué à la veuë & lumiere de toute l'Europe, qu'il en est admirable non seulement à ses amis, mais aussi à ses ennemis desquels il a esté redouté; mais les Siecles à venir l'admireront encore d'aduantage.

Que la memoire doncques de ce Prince en die toutes les vertus. Et à la verité, parler de ce Prince c'est parler de toutes les vertus. Qui voudra comme d'vn lieu haut esleué bailler à tous les hommes du monde ou vn exemple de toutes vertus, pour les faire imiter, ou des puissans aiguillons à les faire aimer, trouuera tout en lui. Par cete memoire nous le ferons reuiure parmi nous, & cet honneur sera plus respectueux que n'est le deuil sans mesure. L'honneur est trop chetif qui ne consiste qu'en dueil. Mais comme nous pretendons alleger nos esprits & adoucir nos douleurs (par ces pensées), combien est triste le changement qu'apportent nos yeux à nos esprits, quand nous regardons ce que nous faisons! Pendant que nous ramenteuons auec plaisir ce qui a esté en ce grand Heros: combien puissamment sont arrachez de nos cœurs tous ces adoucissemens, en voyant qu'on nous rapporte ce qui reste de luy: comme si on prenoit plaisir à augmenter nos douleurs & à en recercher des nouuelles, & comme si nous portions au tombeau les reliques de la vertu esteinte par la mort. Son corps, qui a esté porté par d'autres, nous a esté rapporté & confié comme vn sacré depost, afin que sa memoire en soit tousiours plus fraische parmi nous. Helas! depost

depoſt; que tu es noble! que tu nous apportes de triſteſſe! Nous regrettions ſon abſence dans l'impatience de ſon retour; il ſemble maintenant qu'il nous ſoit rendu. Mais, helas! en cela qu'il ſemble qu'il nous eſt rendu, par cela meſme nous voyons tant plus qu'il nous a eſté oſté. Helas! vous nous aués eſté raui, ſi que nous ne ſommes plus ni à vous ni à nous meſmes. Vous qui nous auez eſté raui, combien nous rauiſſez-vous à vous?

Vous auiés tant ſouuent en bouche ceſte parole tant verifiée par l'experience, *Nous n'auons point ici de cité permanente, mais nous cerchons celle qui eſt à venir* & qui eſt és cieux. Vous l'auez cerché, & l'auez trouué, ô Prince heureux, ô ame treſ-ſainte. *Bien-heureux ſont ceux qui meurent au Seigneur, car ils ſe repoſent de leurs trauaux & leurs œuures les ſuiuent.* A la vie penible a ſuccedé le repos: les choſes celeſtes ont ſuccedé aux terrienes, & les eternelles aux periſſables. Vous aués guerroyé la bonne guerre: vous auez combatu le bon combat, & l'auez emporté: vous auez gardé la foi: vous auez paracheué la courſe: vous auez receu la couronne que Dieu a promiſe à ceux qui l'aiment. Les palmes & les lauriers qu'on bailloit aux victorieux, les riches habits parſemés de ces glorieuſes marques & fleurs: les arcs, les couronnes & toute la gloire des triomphes, dont l'antiquité s'eſt tant ſurhauſſée, ne ſont que bagatelles au prix de la victoire que vous a mis en main, au prix de la gloire dont vous couronnera à iamais le Seigneur Ieſus Chriſt moderateur & remunerateur des combats des ſiens. Vous eſtes reçeu dans le ſanctuaire de Dieu, inſeré dans les ſacrés chœurs des Anges:

Vous estes entré en la ioye de vostre Seigneur : vous auez pris possession du royaume des cieux. Estant victorieux, vous estes assis au trosne de Iesus Christ. De l'esperance desquelles choses vous vous estes tousiours soustenu.

Nous recognoissons vostre felicité, & nous en resiouissons auec vous. Mais pardonnez à nostre douleur, si dans ce trouble d'esprit les choses si troublées nous font lamenter nostre condition. Ne reste qu'vn point : c'est qu'à vostre exemple, nous souuenans que tout est mortel, nous apprenions aussi à vostre exemple à serieusement penser à l'Eternité. Ici est le comble de nos vœux Ici soit la fin de mon discours.

TOMBEAV
DV DVC DE ROHAN.

I'ay paßé mes beaux iours dans le sein de la guerre,
Arbitre ingenieux de cent peuples diuers;
Et preßé d'ennemis declarés & couuerts
Ie n'ay cedé qu'au Roy le plus grand de la terre.

A l'Ibere, au Germain mon bras fut vn tonnerre,
Qui du bruit de ses coups remplit tout l'Vniuers:
Les monts de l'Insubrie en parurent ouuerts,
Et les champs que le Rhein de ses ondes reserre.

En fin victorieux & sorti des dangers,
Ie manque à ma Patrie, & manque aux Estrangers,
Qui fondoyent leur appuy sur ma sage vaillance.

Mais non, quoy qu'au tombeau, ie ne leur mãque pas,
Mon ombre couure encor l'Italie & la France,
Et l'Espagne me craint mesme apres mon trespas.

Par C.

www.ingramcontent.com/pod-product-compliance
Ingram Content Group UK Ltd.
Pitfield, Milton Keynes, MK11 3LW, UK
UKHW022151260726
13993UKWH00005B/2299

9 782019 917746